Raymond F. Peck

WEISHEIT DES HERZENS

AF210269

Anerkennung:
Ich möchte hiermit meinen aufrichtigen Dank an Brunhilde Lauper für ihre Mitarbeit bei der Gestaltung der Texte und Bilder aussprechen.- Raymond F. Peck

CIP – Titelaufnahme der Deutschen Bibliothek
Peck, Raymond F.

Weisheit des Herzens : zeitlose philosophische Gedanken Raymond F. Peck – Effretikon / Schweiz : Blue River Verlag, 1999 ISBN 3-9521798-0-9

ISBN 3-9521798-0-9
©1999 by Blue River Verlag , CH-Effretikon, Vogelbuckstr. 17 – Switzerland .
Printed in Germany. Alle Rechte vorbehalten. All rights reserved, as well for the coming english version Wisdom of Heart . Gesamtherstellung LIBRI Books on Demand, Georg Lingenbrink GmbH & Co., Hamburg/Nordersted . Umschlag: Blue River Verlag
http://www.blueriver.ch
e-mail: raymond@gmx.net

INHALTSVERZEICHNIS

WEISHEIT DES HERZENS

WISDOM OF THE HEART

Einleitung

Die unendliche Vielfalt des Universums ist in eine allumfassende natürliche Ordnung eingebettet. Passt sich in der Natur ein Lebewesen *„nicht"* dieser Ordnung an, so zerstört es sich selbst.

In unserer Lebenswelt hat der Mensch angefangen, dieses natürliche Gleichgewicht zu stören. Aber genau, wie ein sich unregelmässig verhaltendes kleines Teilchen in einem Gefüge die ganze Anordnung stört und daher seinen eigenen Existenzbereich selbst einengt, so zerstört auch der Mensch sich selbst, wenn er dieses Grundgesetz der Einhaltung der Harmonie allen Lebens missachtet.

Wir alle sollten daher lernen, unsere verborgenen Kräfte zu wecken und beginnen, sie sinnvoll zu nutzen.
Dabei ist die Fähigkeit, Gedanken und Gefühle in eine gute ethische Balance zu bringen, entscheidend für die richtige Lebensführung.

./.

In der Ausgeglichenheit der Natur lernen wir unsere
Gedanken und Gefühle richtig zu spüren. Daraus erwächst
eine Klarheit, die dieses Gespür für das Echte, die
Einfachheit und die Spontanität entwickelt sowie
die Bereitschaft zum flexiblen Denken erweckt.

Erleben wir immer wieder neu die herrlichen Morgen-
stunden der erwachenden Natur mit all ihrer Schönheit,
die Erhabenheit der Bergwelt, die Ruhe an einem See,
der majestätische Flug des Adlers, der pfeilschnelle Flug
der Möwen, die beständig sich erneuernde Kraft des Meeres
und die vielfältigen Formen und Farben unserer Pflanzen.

All dies lässt in uns die Weisheit des Herzens immer mehr
wachsen und es wird nichts geben, was wir mit unseren
Gefühlen und unserem Geist nicht erreichen und erfahren
könnten.

Raymond F. Peck

ERKENNTNIS–

WISSEN–

WEISHEIT

Gefühle, frei im Raum schwebend
noch ungebunden,
zeitlos wartend, um irgendwann von einem Wesen
empfunden zu werden.
Frei in ihrer Art,
kein Wissen in sich bestimmend,
sich enfaltend.
Nach dem Empfinden des Wesens sich leitend,
frei und immer wieder neu,
einen Ausdruck schaffend.
Gefühle,
die zu Gedanken werden:
Die Geburt des geistigen Wissens.

Raymond F. Peck

Die **Opposition** des rational denkenden Verstandes
gegenüber dem intuitiv denkenden Gefühlsmenschen
führt zu nie endenden Konflikten.

Beide Denkformen haben das Recht sich so
auszudrücken wie sie es für richtig halten.
Sie sollten aber nicht getrennt betrachtet werden,
sondern als eine sich verbindende Einheit.

Wird intuitives Denken mit der greifbaren
rationalen Denkform in Verbindung gebracht,
also nicht einseitig definiert, so vermögen sie
eine überschaubare Erklärung von tiefsitzenden
geistigen Phänomenen zu geben.

In diesem Sinne angewandt, vermag die Intuition
gleich einem in die Tiefe dringenden Bohrproben–
Erkundungsgerät die inneren verborgenen geistigen
Elemente des Lebens hervorzuholen, um sie dann
durch objektive Betrachtung in unserer Oberflächen-
welt rational zu erklären.

./.

Die richtige Verbindung der Intuition mit der rationalen
Denkform ermöglicht daher eine klare und tiefsinnige
Erforschung der grenzenlosen Gebiete des Geistigen.

Raymond F. Peck

Das **kosmische Erlebnis** der Religion ist das stärkste und edelste Motiv naturwissenschaftlicher Forschung.

Das tiefste und erhabenste Gefühl, das wir fähig sind, ist das Erlebnis des Mystischen. Aus ihm allein keimt wahre Wissenschaft. Wenn dieses Gefühl fremd ist, wer sich nicht mehr wundern und in Ehrfurcht verlieren kann, der ist seelisch bereits tot.

Das Wissen darum, dass das Unerforschliche wirklich existiert und dass es sich als höchste Wahrheit und strahlendste Schönheit offenbart, von denen wir nur eine dumpfe Ahnung haben können –
dieses Wissen und diese Ahnung sind der Kern aller wahren Religiosität.

Meine Religion besteht in der demütigen Anbetung eines unendlichen geistigen Wesens höherer Natur, das sich selbst in den kleinen Einzelheiten kundgibt, die wir mit unsern schwachen und unzulänglichen Sinnen wahrzunehmen vermögen. Diese tiefe gefühlsmässige Überzeugung von der Existenz einer höheren Denkkraft, die sich im unerforschlichen Weltall manifestiert, bildet den Inhalt meiner

Gottesvorstellung¨

Albert Einstein

Die blosse **Formulierung eines Problems**
ist sehr oft wesentlicher als seine Lösung, welche
nur eine Angelegenheit von mathematischem oder
experimentellem Geschick zu sein braucht.

Neue Fragen zu stellen und und neue Möglichkeiten,
alte Probleme von einem neuen Gesichtswinkel zu
betrachten, verlangt schöpferische Einbildungskraft
und kennzeichnet die wahren Fortschritte in der
Wissenschaft.

Albert Einstein

Mir kam ein Gedanke.
Als ich darüber nachdachte, wurde ich
unsicher ob er richtig war oder falsch.

Es folgten weitere zahlreiche Gedanken,
die eine reine Folge des ersten waren,
bis ich merkte, dass ich mich vom
einleuchtenden ersten Gedanken
immer weiter entfernte.

Ich fing daher an, über die Gedanken,
die ich erhielt, nicht mehr nachzudenken.

Und auf einmal erwies sich die komplizierte
Vielfalt des Universums,
als ein **einziger Gedanke**, der alles
ausdrückte und alles beinhaltete und
keine weiteren Gedanken erforderte.

Raymond F. Peck

Der **erste Gedanke** ist der richtige

der zweite Gedanke ist der Zweifel

und entfernt einen immer mehr

von der ersten richtigen Lösung.

Raymond F. Peck

Ich **glaube**, dass ich **etwas weiss**,

und würde nichts wissen,

wenn ich dieses Gefühl des Glaubens

an ein Wissen nicht hätte.

Raymond F. Peck

Mit der **Weisheit des Herzens**

sind wir offen

für die Dinge des Lebens

und es gibt nichts, was wir nicht

erfahren könnten.

Es ist die Basis für die Zukunft,

einer am Frieden interessierten und positiv

orientierten Menschheit.

Raymond F. Peck

Die **Sinne betrügen nicht**.

Nicht, weil sie immer richtig urteilen,

sondern weil sie gar nicht urteilen,

weshalb der Irrtum immer nur dem

Verstande zur Last fällt.

Immanuel Kant

-MENSCHWERDUNG-

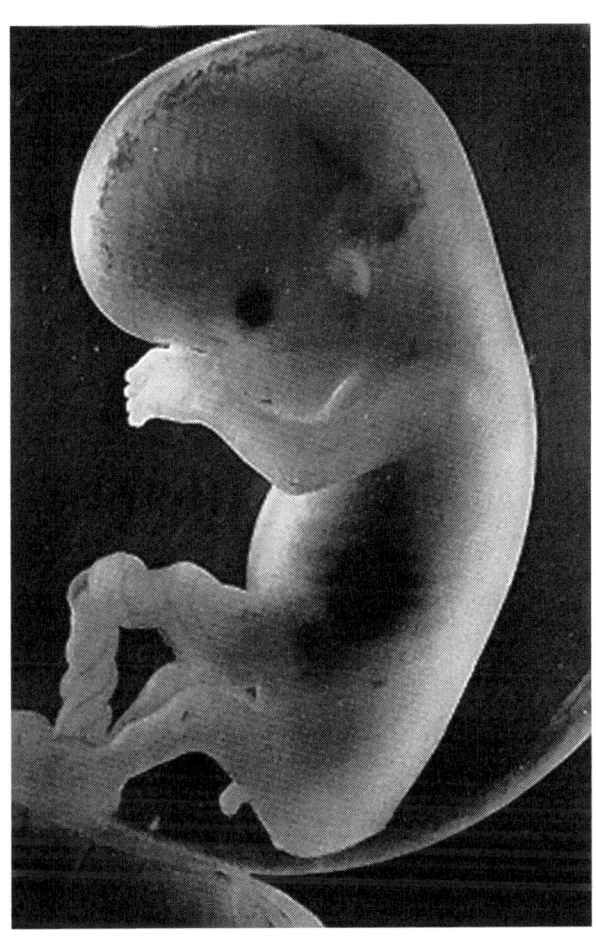

Solange sich der Mensch seine weitere höhere

geistige Entwicklung nicht selbst verwehrt,

wird auch das Leben - „das Abenteuer Mensch"-

nie aufhören und unaufhörlich fortleuchten.

Genau wie auch die Sonne tagtäglich unseren

Blicken zu entschwinden scheint,

aber nie wirklich untergeht.

Raymond F. Peck

Ich suchte verzweifelt nach

Glück und Wohlstand

und glaubte, mir würde Unrecht getan,

weil ich es nicht bekam,

bis ich merkte,

dass Du in Deiner unendlichen Liebe

mich nur aufmerksam machen wolltest

auf Werte rein geistiger Natur,

die in mir wohnten, bevor ich geboren wurde.

Raymond F. Peck

DIE GEDULD

IST DIE ACHSE

DES CHARAKTERS.

Die **Gnade** war es, die mein Herz

das Fürchten lehrte,
und Gnade, die meine Ängste linderte;

Wie kostbar erschien diese Gnade

In der Stunde, in der ich zum ersten mal

glaubte.

M. Scott Peck

Die **Hoch** und **Tiefs** im Leben

prägen den Menschen.

Bei jedem Tief erfolgt eine Erkenntnis

und dadurch entsteht wieder ein Hoch.

Dies setzt sich das ganze Leben

hindurch so fort.

Durch die grundlegende Erfahrung

eines Tiefs lernt der Mensch

und wird danach mit einem Hoch belohnt.

Raymond F. Peck

Lass Dir zeigen, wie man in den **Wolken schwebt** und sich **glücklich** fühlt,

völlig unbeschwert.

Du wirst Dich freier fühlen und Deinen

Gedanken freien Lauf lassen.

Jederzeit kannst Du Dich auf den Boden

der hier angenommenen Realität

zurückbegeben.

Denn Du bist überall Zuhause in der ewigen

Unendlichkeit Deines Seins.

Raymond F. Peck

Gelassenheit erreichen wir, indem wir alle unsere
Seiten in uns annehmen, die negativen wie die positiven.
Die Mitmenschen sind uns dabei eine Hilfe und zeigen
uns unsere eigenen Schwächen und Möglichkeiten auf.
Wenn wir dies annehmen können und nicht mehr ver-
urteilen, dann haben wir einen inneren Frieden in uns
gewonnen. Wir nehmen uns an wie wir sind und dabei
werden wir unsere Mitmenschen annehmen, egal ob sie
negativ handeln oder positiv, im Wissen, dass wir diese
negativen Möglichkeiten der Zerstörung auch in uns
tragen.

Dies alleine schafft Frieden, hat die Kraft der
Verwandlung und wird unsere Erde in ein neues
goldenes Zeitalter führen.

Die Erkenntnis, dass wir alle negative zerstörerische
Samen in uns tragen, lässt uns der grossen
Verantwortung bewusst werden. Es gibt keine
Autorität mehr, die für uns Entscheide trifft, sondern
alles was wir tun, wird unser zukünftiges Karma sein.

Wir sind der Gärtner, wir entscheiden, was wir säen
und was wir ernten werden in diesem Leben und in den
Kommenden.

./.

So schrecklich diese grosse Verantwortung klingt, sie bietet uns grosse Gelegenheiten und spirituelles Wachstum.

Diese Schule hat damals, vor langer Zeit, unseren Geist so fasziniert, dass er sich immer mehr in die Materie begeben hat und seine ursprüngliche Freiheit für eine kurze Zeit (die für uns in der irdischen Verkörperung sehr lange sein kann) aufgegeben hat.

Das Ziel ist die Meisterschaft.

Georgios Bourboulas

NATUR

SCHÖPFUNG

LICHT

Der unendliche **Wandel der Lebensformen**

gibt jedem Lebewesen aufgrund ihrer unter-
schiedlichen Wahrnehmungsmöglichkeiten
(den Sinnen) ein immer wieder verändertes
Bild des Universums.

Ein Wandel, der nur durch das ständige
Verändern der Sinneswahrnehmungen
so erscheint.

Raymond F. Peck

Es drängt den Menschen das Unerforschte
zu errforschen.
Aber die allumfassenden **NATURGESETZE**
zwingen ihn immer wieder,
die Grenzen **nicht zu überschreiten.**

Franco Raschele

Die **ZEIT** ist das bewegte Bild der
E W I G K E I T.

PLATON

Betrachtung im Detail

In die Natur gehen und die dortige Atmosphäre mit allen
Sinnen in sich aufnehmen:

Ich gehe durch den Wald. Der Boden ist übersät von den
Nadeln und Blättern der Bäume. Das Licht der Sonne
glitzert durch die Kronen der Baumspitzen und verteilt
seinen leuchtenden Segen auf den Waldboden, lässt kleine
Blüten erstrahlen, in denen kleine fliegende Insekten ihren
Freudentanz vollziehen.

Ich betrachte die samtschimmernden Teppiche aus hell-
grünem und dunkelgrünem Moos, in deren Nähe ein kleiner
Waldteich zum verweilen einlädt. Ich setze mich ans Ufer
und betrachte in aller Ruhe das klare Wasser des Teichs.

Auf einem Seerosenblatt entdecke ich einen Laubfrosch,
der sehr genau seine Umgebung betrachtet. Ein Zitronenfalter,
noch etwas trunken vom Nektar der Seerose gleitet beim
Wegflug zu nahe über das Seerosenblatt und wird vom
blitzschnellen Vorschnellen einer klebrigen langen Zunge
völlig überrascht.

Nur ein Moment der Unaufmerksamkeit wurde dem
Schmetterling zum Verhängnis. Die geduldige Wachsamkeit
des Laubfrosches hingegen wurde belohnt.

./.

Die Aufmerksamkeit und das ruhige Betrachten kann das Bewusstsein des Menschen zur grösseren Klarheit führen und die Belohnung ist dann eine höhere Bewusstseinsstufe, die einem noch grössere Weitsicht ermöglicht und die Dinge des Lebens in einem noch erfüllteren Masse sehen lässt.

Bei solchen Betrachtungsübungen ist es wichtig, nicht zu überlegen, keine Erklärungen zu suchen, sondern einfach nur das Gefühl fliessen zu lassen, zu spüren, nur zu spüren und die Atmosphäre dieses Naturidylls in sich aufnehmen, nichts anderes.

In der physischen Welt sind wir gewöhnt, die Dinge mit Namen zu nennen, Erklärungen abzugeben. Der rein geistige Bereich, aus dem alles Leben erstrahlt, ist nicht mit Worten zu erfassen. Nur mit dem Erspüren können wir mit viel Ruhe und Geduld die Klarheit und Harmonie unserer Lebenswelt erfahren.

Jede Erfahrung einer solchen Klarheit lässt uns eine höhere Bewusstseins-Sprosse erklimmen und wir spüren, dass durch positive Aufgaben im Leben, die Freude anderen Menschen zu helfen, durch ein bejahendes Lächeln den Anderen aufzumuntern, oder einfach Gutes zu tun, unser Leben einen immer grösseren Sinn erhält.

Raymond F. Peck

Die **Knospe einer Blüte** hat, bevor sie sich entfaltet, noch im Verborgenen eine höhere Wirklichkeit, welche erst zum Vorschein kommt, wenn die Blüte sich in ihrer ganzen Schönheit öffnet.

Die Blüte hat eine höhere Wirklichkeit gegenüber der Knospe, weil sie eine höhere Entwicklungsstufe darstellt.

Inwieweit eine noch verborgene Gedankenvorstellung beim Menschen zu einer höheren Wirklichkeit bzw. höheren Entwicklungsstufe führen kann, hängt ab von dem festen Willen und der Beharrlichkeit, die Gerechtigkeit in allen Lebensbereichen zu verwirklichen.

Dazu gehört es, Niederlagen niemals als etwas Endgültiges zu betrachten, sondern seinen Willen darin zu stärken, eine Sache, die man angefangen hat, auch zu Ende zu führen, genau wie man auch seine Muskeln nur durch beharrliche Uebungen entwickeln kann.

Die Natur zeigt uns die Beharrlichkeit und die Gerechtigkeit in der Offenbarung ihres harmonischen Gleichgewichtes.

./.

Der sich zur Selbstverantwortung entwickelnde Mensch sollte durch eigenes Tun lernen, die ihm inneliegende Wahrheit seiner Natur zu erkennen. Dann wird auch er die verborgenen höheren Wirklichkeiten verstehen und lernen zu entfalten.

Die sich öffnende Blüte ist der Hinweis der Natur an uns, sich ebenfalls zu öffnen, denn nur ein sich öffnender Geist kann sich richtig frei entfalten.

Raymond F. Peck

Die **Wellen** auf einem See

gelangen zur Ruhe,

wenn man sie gewähren lässt.

Die Gedanken

gelangen zur Ruhe,

wenn man sie gewähren lässt.

Raymond F. Peck

Die Schnecke gleitet den Baum hinauf langsam
und ohne Hast.

Lausche dem Regen, spüre den Wind und sehe die
Sonnenstrahlen, wie sie die Landschaften mit ihrem
Licht verzaubern.

Sei still und nimm all dies wahr. Trinke diese schönste
Essenz der Harmonie. Denn es ist das **reine Göttliche,**
welches Dich **zärtlich streichelt.**

Raymond F. Peck

Berührtheit entfacht das göttliche
Licht in Dir.

Wenn immer wir uns tief berühren lassen,
und uns dem eigenen natürlichen Wesen
anvertrauen, vereinigen wir uns gleichzeitig
mit dem höheren göttlichen Selbst.

Raymond F. Peck

In den feinen Dingen der Natur spüren wir die innige
liebevolle Nähe Gottes.

In tiefer Berührtheit entsteht in uns ein Schweigen,
welches nicht zu vergleichen ist mit dem Wunsch
nach Schweigen.

Unser Denken gelangt durch diese tiefe Stille zur Ruhe.
Und es öffnet sich in uns ein **Sehen in den Dingen**.

Raymond F. Peck

In den **kleinen Dingen** erkennen wir die

unendliche Grösse der göttlichen Natur.

Die tiefe innige Berührung mit der Natur,

das Betrachten der kleinen Dinge,

wirkt wie ein Anhalten des Atems –

die Zeit scheint still zu stehen.

Es vermittelt einen Moment der

Allgegenwart, der zärtlichen und

liebevollen Verbundenheit

mit der schöpferischen Natur.

Raymond F. Peck

Nebelschleier, strömend, fliessend, gleitend,
verflüchtigen sich im Lichte der langsam
aufgehenden Sonne.
Von Feuchtigkeit umhüllte Gräser und Blätter
glitzern und schimmern wie kleine Kristalle.

Die Natur erwacht zu einem neuen herrlichen Tag
und schenkt dem Menschen Kraft und Freude.

L I C H T, Du mächtige Kraft bewirkst in
deiner Einfachheit und Klarheit einen tiefen
Wandel, der uns bis ins Innerste unserer Seele
berührt.

Raymond F. Peck

SINN-FRAGEN

Als ich nach dem ursächlisten und grössten Geheimnis,
was Gott ist, fragte und was der Urgedanke wäre,
der zu allem Leben führte, empfing ich folgendes
Gleichnis:

> Wenn ein Tausendfüssler anfangen würde
> darüber nachzudenken, ob er die rechten
> oder linken Füsse zuerst bewegen sollte,
> dann könnte er nicht mehr laufen.
> Er wäre dazu überhaupt nicht mehr in
> der Lage. Er würde total aus seinem
> Lebensrhythmus gerissen.

Ein Mensch, der dieses Geheimnis erhielte, könnte dann
nicht mehr leben.

Raymond F. Peck

Die beständige **Betonung** von etwas **Unsinnigem** lässt einen (je nach Beharrungsvermögen), mit der Zeit an der Wahrheit zweifeln.

Hat man jedoch diese Hürde der Zweifel überwunden, ist das Unsinnige ein offensichtlich nützlicher Lehrgang, aber vermag einen nicht mehr zu stören.

Also, der Sinn des Sinnlosen ist das Sinnlose als sinnvoll anzuerkennen.

Raymond F. Peck

An die Dinosaurier erinnert man sich mit Schrecken.

Wie wird es bei den Menschen sein?

Raymond F. Peck

Alles ist ein bildendes Werden.
Je stärker man die **Ursachen** der
Entwicklungen im Universum erkennt,
um so umfassender wird auch das geistige
Vorstellungsvermögen.

Und mit ihm wächst auch die Fähigkeit,
bestimmte Ereignisse im Leben vorherzusehen.

Es gibt keinen **Zufall**, sondern
nur **Zusammenhänge.**

Alles ist daher eine Folge von
Zusammenhängen, auch wenn wir
diese zunächst nicht erkennen.

Raymond F. Peck

Beim Erleben einer **Symphonie**
fühlen wir mit Recht, dass auch wir an der
Kreation dieses Werkes vollumfänglich beteiligt sind,
denn erst in und mit uns entfaltet es seinen lebendigen
Geist in voller Gegenwärtigkeit, wann immer wir ihm
begegnen. Und jedesmal ist es ein einmaliges, nicht
wiederholbares Geschehen.

Da alles im Leben ein **zusammenhängendes**
Ganzes und aus dem **Geistigen** heraus entstanden ist,
ist dieses Ur-Empfinden von Wissen ganz natürlich;
man kann daher sagen, dass die g-moll-Symphonie
bereits bestand, bevor Mozart sie aufzeichnete.

Daher ist alles im Leben bereits in Form von geistigen
Bestandteilen vorhanden. Die Kraft des gefühlsmässigen
Empfindens, ist daher entscheidend für das richtige
Zusammenfügen und Erkennen dieser geistigen Teile.

Raymond F. Peck

Der obige Text wurde leicht abgewandelt und ergänzt, mit freundlicher
Genehmigung des inzwischen verstorbenen Autors: Edmond de Stoutz, Dirigent
des Zürcher Kammerorchesters, Zürich.

Eine **Frage im Raum** stehen lassen
erzeugt viele neue Fragen,
gleich einem Stein, der ins Unendliche
fällt und auf seiner Reise
viele neue Begleiter findet.

So wird das Leben,
wohl bis in alle Ewigkeiten,
immer wieder neue Fragen aufwerfen
und auf seinem endlosen Weg
immer wieder neue Begleiter finden.

Schon in unserem – für kosmische Begriffe
noch nicht sehr lange existierenden irdischen
Bereich – muss die Zahl der Fragen bereits
schon unfassbar gross sein.

Raymond F. Peck

Für den Menschen ist oder erscheint nur das möglich was er denkt. Demgemäss gibt es auf jede denkbare Frage eine denkbare Antwort.

Aber würde man eine undenkbare Frage stellen, dann wäre auch keine denkbare Antwort möglich.

In einem **Zustand des Nichtdenkens**, wie desjenigen im rein geistigen Universum, ist das Wissen, die Wahrheit des Ganzen direkt, d.h. unmittelbar erfassbar:

> Nichts – Leerheit – Reinheit,
> nur zu sein ohne gleichzeitig etwas zu sein.

Auf der Ebene des reinen Lichts verwirrt einen das Unendliche nicht mehr und man braucht keinen physischen Halt mehr, denn man ist selbst eins geworden mit der ewigen göttlichen Unendlichkeit.

Zurückkommend auf die ersten Sätze dieser Gedankenfolge könnte man sagen, dass eine undenkbare Frage einem Nichts gleichkommt, da sie zu keinem denkbaren Ergebnis führt. Weiter geschlussfolgert bedeutet das:

./.

Wenn das Nichts an das Nichts eine Frage stellen
würde, dann wäre ein Nichts die Antwort.

Aber seltsamerweise, für irdische Begriffe
nicht denkbar, liegt in dem unaussprechlichen
Nichts der Gottheit nicht die Leere, sondern
die **Fülle allen Lebens**.

Raymond F. Peck

KLARHEIT
DES
BEWUSSTSEINS

Was nützt das **Wissen,** wenn es zu **keiner
Klarheit** führt?
Und wie wird es einem klar ?
Ganz einfach: indem wir es erleben.
Wir müssen leben, um zu erfahren.

Vielleicht wisst Ihr all das Gesagte,
aber ist es Euch wirklich klar, so klar,
dass Ihr nicht mehr denken müsst?

Die Worte, die ich benötige, um dies
mitzuteilen, sind - wenn sie klar sind –
als wenn ich nichts sagen würde.
Es kommt dem Schweigen gleich,
denn die Unterschiede macht der Mensch.

Im spirituellen Sein gibt es nur Sein
Und man spürt keine Unterschiede,
denn das zerteilende Denken fällt weg,
ist nur noch **Spüren im ewigen Sein**
der Unendlichkeit des Göttlichen.

Indem wir uns öffnen, wie eine Blüte,
in Aufrichtigkeit, in Hingabe, in Liebe
zu allem Leben, erspüren wir die wunderbare
Leichtigkeit und die Helligkeit unseres
wahren Seins. Wir sind in die Klarheit
des Bewusstseins zurückgekehrt.

Raymond F. Peck

In Dir gibt es eine Ruhe,
eine **unbeschreibliche Ruhe.**
Dies ist Dein wahres Selbst.
Gleich einem Tornado wirbeln wir mit
unseren Gedanken und Gefühlen durch
unsere Lebenswelt.

Lernen wir diese Kräfte der Gedanken und Gefühle
zu bändigen, dann können wir mehr und mehr unsere
Energien in sinnvoller und positiver Weise anwenden.
Die vorher vielleicht chaotisch erscheinenden
Energiewirbel weichen. Unser Bewusstsein wird
klarer und wir können die Dinge im Leben viel
leichter bewältigen.

So einfach, wie es klingt, ist es auch.
Wir können daher sagen:
Die richtige Anwendung der eigenen Kräfte-
Resourcen ist die Lösung für unser Leben.

Wenn wir dies alles erkennen und die kraftvolle
Ruhe in uns auch praktisch leben, dann werden wir
überrrascht sein, wie auf einmal uns alles im Leben
so spielend leicht gelingt!

Raymond F. Peck

IN DER STILLE ERWÄCHST

DIE KLARHEIT ALLEN SEINS

Raymond F. Peck

MENSCHLICHE SEINS-EBENE

Das Leben lebt von **Begegnungen**

und diese rufen Reaktionen hervor,

die von Ungleichheiten herstammen.

Entdecke darin das gute Gefühl durch

das richtige Mass in allen Dingen.

So entsteht dann Harmonie, welche

zu richtigen Entscheidungen und Taten führt.

Raymond F. Peck

Erlebe alles wie einen **ersten Moment**.
So ist die Begegnung einer liebenden Person,
immer wieder neu und erfüllend.

So ist es auch in allen Dingen:
Ein schon viel gehörtes Musikstück,
ein schon viel besuchter Ort usw.
erhält seine bleibende lebendige Frische,
wenn es immer wieder neu, wie eine
erste Begegnung erlebt wird.

Raymond F. Peck

Der Himmel, die Wolken, die Bäume,

Sträucher, die Blüten und die Gräser

spiegeln sich in den Wassertropfen des

Morgentaus.

Die Lebenswelt widerspiegelt sich im

Menschen.

Raymond F. Peck

WAHRNEHMUNG des WUNDERBAREN

Es ist überall, in den kleinsten Teilen unseres
Körpers, wie in den riesigen Ausdehnungen
des Kosmos und in den engen Zusammenhängen
zwischen diesen allen Dingen.

Wahrnehmung des Wunderbaren ist die
subjektive Essenz der Selbstverwirklichung,
die Wurzel, aus der die höchsten Merkmale
und Erfahrungen der Menschen erwachsen.

M. Scott Peck

Wir sind dazu geschaffen, alles zu

überwinden, und all unsere Träume zur

lebendigen Wirklichkeit zu bringen,

weil es der unendliche Geist der Höheren

Macht ist, der in uns träumt.

Raymond F. Peck

Die **Manifestation des geistigen Plans**

in unserer Welt obliegt einer klaren Bestimmung.

Aber die Verwirklichung hängt vom menschlichen

Verhalten ab und dieses Verhalten ist nicht

vorbestimmt, sondern völlig frei.

Raymond F. Peck

Wenn man etwas Sinnvolles so

erklärt, dass es **humorvoll** klingt,

ist es einfacher zu verstehen.

Wenn jemand spontan lacht,
weiss er womöglich nicht warum.

Wenn er anfangen würde darüber
nachzudenken, verginge ihm
das Lachen.

Raymond F. Peck

MUSIK verbindet die Menschen

Die letzte Vollendung gewinnt der
Kulturmensch durch die Musik,
weil durch sie nicht nur Ideen und Handlungen,
sondern auch die Gefühle selbst
ihren harmonischen Ausdruck finden.

Klimatische Bedingungen und geschichtliche
Erfahrungen prägen die Völker der Erde
und lassen sie einander fremd und andersartig
erscheinen.

Die **MUSIK** aber kann über diese
Abgrenzungen hinaus die Seele des Menschen
erreichen und geheime Kräfte und Quellen
erschliessen.
Und im „Ganzandern", im Gegensätzlichen,
Unbekannten beginnt der Mensch
sich selbst neu zu entdecken.

Konfuzius

GÖTTLICHE   SEINS-EBENE

Von Ferne dunkel schimmernd
tiefe Unendlichkeit in sich verbergend,
offenbart es sich dem Suchenden
als Leben und lichtspendende
Urkraft.

Für den Hörenden sanft flüsternd
seit ewigen Zeiten wartend,
auf dass wir hineintauchen in diese
allumfassende Kraft,
e i n s mit ihr werdend.

Raymond F. Peck

Raum, Distanz und Zeit,

als empfundene Realität,

nur ein Ausdruck

eines gewaltigen Spektrums

aus gebündeltem Licht.

Raymond F. Peck

Das **geistige Universum** drückt sich im physischen Universum aus. Es projiziert gewissermassen das Universum, in dem wir leben.

Als Ausdruck des geistigen Universums sind wir Teilnehmer einer unendlichen Reise, die uns in immer höhere Bewusstseinsschichten unseres geistigen Selbst führt.

Es ist der manifestierte Geist, der durch die grundlegende Erfahrung in der Materie schliesslich zu seinem göttlichen Ursprung als erfüllter Geist zurückkehrt.

Raymond F. Peck

Der **höchste Weg** zum **göttlichen Sein** wird nicht erreicht, indem man über den Weg nachdenkt; das Überlegen entfernt bereits.

Genauso ist es, wenn man jemanden Glücklichen fragt, ob er glücklich ist. Denn wenn er glücklich ist, bedarf es keiner Überlegung. Fänge er aber an, darüber nachzudenken, würde es bereits eine Entfernung vom Glücklichsein bedeuten.

Der göttlichen Wahrheit letztes Rätsel ist, in ihr zu bleiben, da sich alles in ihr erfüllt und alle Dualitäten aufgehoben sind.

Raymond F. Peck

Bild der **EWIGKEIT**

Und ewig pulsiert die Ewigkeit.
Tiefe, Unendlichkeit, funkelnde Diamanten
im All. Leuchtende, unzählige Welten-Inseln
und Sterne in einem endlosen Meer, wie die
wunderbarsten Perlen schimmernd in ihrer
Pracht, eingebettet im schwärzesten Samt.

Gleich einem riesigen **Energiebild**,
vibrierend, sich wandelnd in lebendigster Form.
In seiner unergründlichen Tiefe neue andere
Lebensbilder verbergend – zeitlos ohne Grenzen.
Gemalte Welten aus Energie, machtvoll,
gewaltig und alldurchdringend.

Schöpferkraft einswerdend mit Idee und Bild,
spiegelgleich sich erkennend im urgeistigen
Bild.

Da ward das kosmische Bild zur Lebendigkeit
entfacht, sich hinausprojizierend als Universum,
als **Spiegelbild** des geistigen Urseins,
ewiglich, nie endend.

Raymond F. Peck

Das LEBENDIGGEWORDENE Bild

Betrachtete die Schöpferkraft das **innere**

Ideen-Bild des Kosmos, so erschien es so

ausdrucksvoll und lebensecht, dass es

ein unbändiges Gefühl von Unmittelbarkeit

reflektierte.

Da wurde das Bild **eins** mit dem **Meister**

und zur Lebendigkeit entfacht.

Raymond F. Peck

LITERATUR

Folgende weitere Bücher werden in diesem Verlag erscheinen:

Abenteuer-Mensch

Weltenseele (Psycho-Terra)

Nova-Terra

Die Wäsche

Das Geistige Manifest

Zeitalter der Phantastischen Welten

Buch der Sterne

sowie Englische Uebersetzungen der obigen Bücher.